EXTRAIT

DES REGISTRES

DE LA CORPORATION

DU PORT-AU-PRINCE.

AU PORT-AU-PRINCE,

DE L'IMPRIMERIE DE MOZARD.

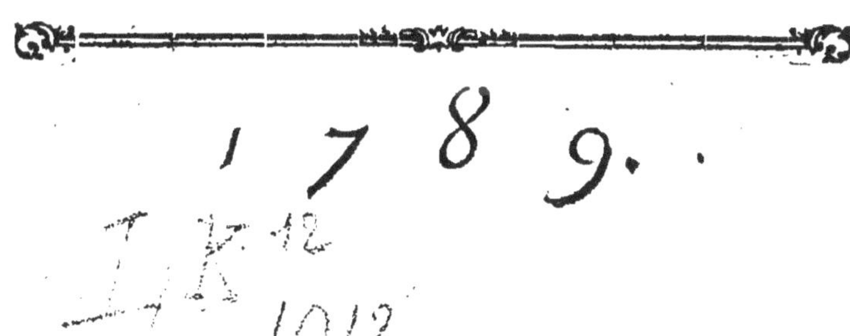

EXTRAIT DES REGISTRES

DE LA CORPORATION

DU PORT-AU-PRINCE.

Aujourd'hui 29 *Décembre* 1789, *la Corporation assemblée extraordinairement dans la personne de ses Commissaires*, M. *le Président prenant la parole*, *a dit*:

MESSIEURS,

Lorsque le cahier de *doléances* de l'ancien Comité du Cap a paru, l'indignation que la colonie entière en a conçue s'est fait sentir douloureusement à la jeunesse du Port-au-Prince, parcequ'elle ignoroit alors que l'ancien Comité de cette ville n'avoit pas apporté le même esprit de désordre dans la rédaction du sien.

Les alarmes que cette production hâtive & *manquée* avoit répandues, ont réuni un grand nombre de Citoyens qui se font confédérés pour s'opposer aux entreprises nuisibles au bonheur & à la tranquilité publique, auxquelles le Comité du Port-au-Prince pouvoit être entraîné, s'il marchoit fur les traces de celui du *Cap*, qui avoit fait auprès de lui une députation offenſante par ſon éclat ſcandaleux. Un ruban *blanc* porté à la boutonnière & choiſi en ſigne de paix, étoit deſtiné à diſtinguer ceux qui étoient animés du même ſentiment, & rendre plus ſenſible le ruban *bleu*, que la députation avoit adopté en ſe préſentant ici.

La première démarche de cette Corporation, qui n'étoit mue que par l'amour du bien public, compromis par la préſence de cette députation, dont l'objet ſecret avoit gliſſé dans les eſprits; ſon premier arrêté a été que *tous ceux qui ne reſpecteroient pas les perſonnes & les propriétées, ou qui troubleroient l'ordre public ſeroient livrés à la Juſtice, à toute la rigueur des Loix & à la vindicte publique* (a)

C'eſt pour la défenſe de cet arrêté, dont la Corporation n'a jamais méconnu la ſageſſe, que tous les membres qui la compoſent ſe ſont liés par le ſerment qui a été reçu par un membre de *Juſtice, élu Préſident*.

Voilà les baſes fondamentales de cette Corporation, qui font honneur à la ſageſſe de ceux qui y ont participé, puiſqu'elle n'avoit pour objet que le maintien du bon ordre, la ſurveillance & la ſureté perſonnelle.

(a) *Telle eſt la conſtitution de la Corporation rendue publique par la Gazette, numéro 94 avec une lettre qui lui a été écrite par MM. de la députation du Cap, & la réponſe qui y a été faite.*

Tant qu'elle a cru son affiftance néceffaire pour affurer la tranquillité publique, la Corporation s'eft tenue en activité.

Mais les trompeufes féductions de l'amour-propre & de la vanité n'ont point ébranlé fes principes de fageffe ; elle s'eft maintenue dans les bornes de fa conftitution bienfaifante ; lors même qu'elle a joui de la fatisfaction bien fentie de voir le ruban blanc qu'on avoit choifi, adopté par les Citoyens de tous les ordres, par les Corps Militaires & de Juftice, par les chefs d'Adminiftration eux-mêmes, qui n'ont pas dédaigné de les honorer de ce témoignage public d'approbation.

Mais le honteux cahier du *Cap* a été bientôt voué à l'opprobre ; le motif qui avoit fait naître la Corporation a difparu avec le danger de le voir adopté. Les apparences hoftilles qui l'avoient entretenue fe font diffipées ; on a vu que la députation du Cap n'offroit aucun danger pour la tranquillité publique, & dès-lors la Corporation que des paffions fecretes n'animoient pas, qui n'avoit été mife en activité que par des vues de fageffe, a fait un arrêté le 8 Novembre 1789, par lequel elle dit entre autres chofes :

Confidérant que la Corporation a eu pour objet en fe formant, non-feulement de défavouer le cahier de la partie du Nord clandeftinement rédigé fous le titre impofant de cahier de doléances de la colonie *; mais encore de veiller au* maintien *des Loix & de l'autorité du Gouvernement fage & modéré, fous lequel nous vivons* actuellement, *jufqu'à ce qu'il ait reçu une autre conftitution,* d'entretenir *la paix & l'union parmi les Citoyens, d'empêcher les* divifions *que les ennemis du bien public auroient pu femer, de s'oppofer aux malheureux effets* *de* l'infurrection, *dont quelques quartiers de la colonie offroient déjà des exemples fâcheux, & de proposer à l'Adminiſtration des Réglemens pour la fureté publique, & à nos Concitoyens des projets utiles : conſidérant enfin qu'elle a toujours été animée par des vues de fageſſe dans toutes ſes délibérations, & que la tranquillité publique n'étant point altérée, elle doit diriger ſes vues ſur un objet important,* un plan de convocation dont le Comité de cette ville *n'a point accompagné ſon invitation à s'aſſembler le 15 de ce mois, elle arrête 1°. que le mémoire de M.* Chachereau *ſera rendu public par la voie de l'impreſſion, & que toutes les Sénéchauſſées de la colonie ſeront* invitées *à déclarer par la voie des Affiches publiques ſi elles adoptent le plan de convocation propoſé par la motion de M. Chachereau ; 2°. que pour faire connoître les baſes de la Corporation & ſes principes de fageſſe, l'acte conſtitutif en ſera imprimé & diſtribué.*

Arrêté en outre que la lettre d'adieu de MM. les Députés du Cap, adreſſée aux Citoyens de cette ville, *dans la perſonne des Préſident & Commiſſaires de la Corporation, ſera rendue publique, conformément aux deſirs de MM. les Députés, enſemble la réponſe qui y a été faite.*

Et conſidérant que l'objet de la Corporation ſe trouve rempli, puiſque la tranquillité publique n'a point été troublée, arrrêté que les Commiſſaires de la Corporation ſuſpendront dès ce jour leurs fonctions, juſqu'à ce que le vœu général les y rappele.

Cet arrête étoit précédé d'un plan de convocation qu'elle a cru devoir propoſer à la Colonie, comme un dernier hommage de ſes diſpoſitions à concourir au bonheur public.

Depuis ce moment, la Corporation n'a plus eu d'activité. Fidelle à ſes principes, on ne l'a point

vue s'alarmer de la préfence d'une Affemblée générale, parcequ'elle ne devoit lui faire l'injure de la
croire entraînée à d'autres objets que ceux qui l'avoient
occupée elle-même. Elle a affifté, dans la perfonne
de fes Membres, aux délibérations de cette Affemblée, dont elle a loué les vues fupérieures d'utilité publique, qui ont partagé fes occupations.

Les Membres de la Corporation ont paru au
milieu de cette augufte Affemblée avec leur ruban
blanc, ils ont eu la fatisfaction d'y voir leur Pré-
fident y remplir une charge de confiance, & l'Affemblée n'a point été effrayée de la préfence de cette
Corporation, elle n'a point vu en elle *une feconde
ame dans un même corps*, (b) elle ne l'a point
confidérée comme *un corps étranger*.

Telle a été la douce & bienfaifante exiftence
de cette Corporation. Par quelle fatalité eft-elle
troublée aujourd'hui par les inquiétudes, exagérées
fans doute, du Comité de *la partie de l'Oueft de Saint-
Domingue*, féant au Port-au-Prince, qui n'eft lui-
même qu'une émanation circonfcrite de l'Affemblée
du Département?

Dans une des féances du Comité il a été mis en
délibération s'il ne convenoit pas au bon ordre qu'il
n'exiftât aucun *veftige de ce corps étranger*? (c) Un des
Commiffaires de la Corporation, préfent à cette
délibération, arrêté fans doute per la puiffance de fon
ferment, en a oppofé l'exiftence aux defirs du Comité,

____

(*b*) *Ce font les propres expreffions d'un des membres du Comité.*

(*c*) *C'eft ainfi que s'eft expliqué* le fondé de pro-
curation *d'un Électeur, qui ne doit pas avoir voix* délibérative *au Comité.*

mais entraîné par les preſtiges du raïſonnement d'eſprit, qui ſait toujours établir avec adreſſe des diſtinĉtions que la raiſon & la vérité déſavouent, il a cru pouvoir être dégagé de ſon ſerment par la volonté du Comité, qui ſembloit lui en faire une loi, & la remiſe qu'il a faite de ſon ruban blanc a paru un hommage rendu à la ſuprématie du Comité & une reconnoiſſance de ſa liberté perſonnelle dégagée.

On a même agité ſi les regiſtres de cette Corporation ne devoient pas être remis à la diſpoſition du Comité; & par l'explication qu'un des Commiſſaires a donnée à cette propoſition faite en ſon nom, il a échappé au ſoupçon de l'inconſéquente légèreté d'én avoir fait l'offre.

Sans doute que la précipitation plutôt que la réflexion a accompagné cette délibération du Comité, & on ne peut guère raiſonnablement lui en faire le reproche, quand le voit obſédé d'une multitude tumultueuſe, qui s'y préſente ſans préparation ſur les objets qui doivent l'occuper, plutôt pour y voir un ſpeĉtacle nouveau que pour y porter les vues d'une ſageſſe éclairée, au milieu de laquelle le Comité lui-même peut être entraîné à des démarches que ſa raiſon déſavoue, & capables de produire un effet contraire aux principes de ſa conſtitution. (d)

En effet, le Comite veut le bien, il y travaille, ou deſire ſincerement y travailler, ſi on lui en

____

(d) *Ce concours tumultueux d'opinions eſt contraire à la conſtitution même du Comité, dans les délibérations duquel les Électeurs même qui l'ont conſtitué ne peuvent avoir que voix conſultative & non délibérative.*

laiſſe la *libre* faculté ; on n'en peut douter , quand on lit les délibérations de *l'ancien Comité* , qui a toujours marché dans le ſentier étroit de ſa conſtitution , quand on a entendu la maturité , la réflexion , la ſageſſe d'eſprit qui ont préſidé dans la tenue des ſéances de l'aſſemblée des Électeurs , dont il tient ſes pouvoirs.

Quel motif qui lui ſoit propre , auroit pu le porter à voir un obſtacle au travail de ce qui doit préparer le bonheur public , dans l'exiſtence inactive & paiſible d'une Corporation qui n'a voulu & qui ne fait que le bien , dont les fonctions ſont ſuſpendues , *juſqu'à ce que le vœu général les rappelle ?*

Quelle raiſon de ſageſſe & de prudence auroit exigé qu'un de ſes Commiſſaires fut *délié* de ſon ſerment par le Comité qui ne *l'a pas reçu ?* ce ſerment de la Corporation n'eſt-il pas le vœu comme le devoir de tout bon Citoyen , puiſqu'il ſe borne à *livrer à la Juſtice & à la vindicte publique ceux qui ne reſpecteront pas les perſonnes & les propriétés , ou qui troubleront l'ordre public ?*

Le Comité lui-même dans les mains de qui tous les Citoyens voient , avec une confiance éclairée & juſtifiée par le paſſé , tous leurs intérêts les plus chers , ne ſont-ils pas liés par le même ſerment? N'eſt-ce pas le maintien du bon ordre qui l'anime dans toutes ſes démarches ; ne reconnoît-il pas & n'at-il pas mis en principe que la tranquillité générale , que le repos perſonnel repoſent ſur le reſpect dû à la Juſtice & ſur la ſoumiſſion à l'autorité publique? L'exiſtence d'une Corporation prête à reprendre les fonctions honorables de la défenſe des Lois , ne lui offre-t-elle pas plutôt un ſecours aſſuré pour l'exécution même de ſes décrêts qui tendent au même but, qu'elle ne lui fait une menace alarmante de contrarier ſes vues d'utilité publique ?

Eh ! ferons-nous toujours diviſés ſur les opinions & ſur les mots, quand le concours des choſes nous raſſemble ? N'avons-nous pas tous un même but, un même objet ; n'aſpirons nous pas tous également à des changemens déſirables que nous n'avons pas la puiſſance de faire nous-mêmes, que nous ne pouvons que *préparer* avec la ſageſſe qui doit accompagner tout ce qui tend à innover, pour enſuite réunir nos efforts qui doivent les faire adopter par l'Aſſemblée nationale en France ? Ecartons donc à jamais de cette pénible préparation tout ce qui peut en retarder le progrès & l'accompliſſement.

Mais eſt-il au pouvoir du Comité de détruire par un mouvement précipité de ſa volonté, ce que l'amour du bien public a fait naître, ce que la ſageſſe a conſervé & ce que la raiſon doit défendre ? Non ſans doute la Corporation a reçu le ſerment de ceux qui la compoſent ; elle ſeule peut s'anéantir quand la tranquillité publique ſera aſſurée par une conſtitution nouvelle, comme elle a pu ſuſpendre ſes fonctions quand elle en a cru l'exercice inutile au bonheur de cette dépendance.

Mais ce ſerment même, malgré les ſophiſmes des raiſonnemens du membre du Comité, honorable a plus d'un titre, qui l'a combattu, la rappelle impérieuſement à ſes fonctions, ſi de nouveaux malheurs, dont la poſſibilité & la réaliſation ne ſont peut-être pas ſi éloignés qu'on auroit lieu de l'attendre, lui en font un devoir. Pouvons-nous voir avec indifférence les entrepriſes contre le bonheur public,

auxquelles on fe livre en quelques quartiers ! Peut-
on bien calculer avec précifion le terme où ce dé-
fordre s'arrêtera ; n'avons-nous rien à craindre pour
la fûreté perfonnelle, pour la fûreté publique, fi une
conftante & ferme réfiftance à cet exemple féducteur,
contrarie trop les vues de ceux qui le donnent ? Le
paffé ne doit-il pas nous rendre attentifs fur l'avenir ?

Si par une fatalité attachée au génie préfent des
hommes qu'un même but affemble, on voyoit ici
naître ces agitations fâcheufes, ces entreprifes téme-
raires, ces troubles qui font le malheur public parcequ'ils ébranlent le refpect dû à la juftice, à la
foumiffion, à l'autorité publique; la Corporation ceffe-
roit-elle d'être liée par fon ferment, les amis du bien
public qui la compofent cefferoient-ils d'être fidèles
aux devoirs des bons citoyens, parcequ'ils ont juré
de les maintenir ?

Mais comment le Comité actuel pourroit-il méconnoître le précieux avantage que le bonheur public
peut tirer de la préfence de cette Corporation,
tandifque l'ancien *Comité du Port-au-Prince* (dont
la fageffe peut être louée publiquement, puifque les
membres qui le compofoient ont fait *par acclamation*
la bafe fondamentale du nouveau) a requis fon affiftance dans un occafion délicate, pour s'affurer d'un
homme que de fauffes inftructions lui avoit rendu
fufpect.

Depuis que les membres de l'ancien Comité ont
porté dans le nouveau la prudence & la réflexion
qui les a tant honorés, la corporation s'eft-elle
emportée à des excès de licence qui la leur fiffe
méconnoître ? Elle a toujours été fans activité depuis
fon arrêté du 8 Novembre 1789, quoiqu'elle ait été

ſtimulé ſur des objets de police qui apparten... à la Juſtice ordinaire, quoiqu'elle ait vu un parti- culier traduit au Comité lorſqu'il l'avoit déjà été à la *Juſtice*, qui n'avoit rien trouvé en lui de nuiſible à la tranquillité publique.

Qu'a-t-on donc tant à redouter de la frêle exiſten- ce de cette Corporation qui n'a & ne peut avoir, d'après ſes principes qu'elle s'attache à ſuivre, que la faculté de faire le bien & qui eſt, comme devroient être toutes les aſſociations, dans l'heureuſe impuiſ- ſance de faire le mal? Cette injure faite à ſes in- tentions bienfaiſantes, n'eſt-elle pas plus propre à lui rappeler ſes devoirs qu'à les lui faire violer? Elle vivoit dans l'obſcurité d'un ſilence, peut-être obſervateur éclairé; on la force à réclamer ſes droits qu'on attaque ſans l'entendre, ſans l'avertir, on la réduit à la néceſſité de rappeler ſon ſerment & de le renouveller pour empêcher qu'il ne s'en forme peut-être une autre, dont les principes de ſageſſe n'ont pas encore, comme les ſiens, l'avantage d'être con- nus & approuvés par la plus ſaine portion des Citoyens.

Que le Comité ſoit ſans effroi, il trouvera tou- jours dans la Corporation, dont la préſence ſemble tant l'agiter, les moyens les plus aſſurés d'arriver à la fin de ſes travaux, s'il veut s'en occuper vérita- blement; elle n'eſt pas, comme on l'a dit, un agent aveugle & ſoudoyé du pouvoir *exécutif*; en calom- niant ainſi ſes intentions, on contredit ouvertement ſes actions & ſes démarches, qui ont toujours été publiques & meſurées ſur les règles de la pruden- ce, de la ſageſſe & de l'équité la plus éclairée.

Si toutes les aſſociations qui ſe ſont formées à

-Domingue, avoient toujours été comme elle, .mptes de paſſions, uniquement & excluſivement occupées du bonheur & de la tranquillité publique, & ſi, comme elle auſſi, elles avoient ceſſé leur activité & leurs fonctions quand elles ont été ſans objet d'utilité *réelle*, la colonie auroit toujours joui de la paix & d'une félicité qu'elle regrettera peut-être encore long-temps.

Sur quoi la matière miſe en délibération, la Corporation, conſidérant que l'Aſſemblée des Électeurs de la partie de l'Oueſt de Saint-Domingue a réglé qu'elle deſire maintenir dans toute l'étendue de ſon département, *l'autorité judiciaire* & celle *de l'Adminiſtration civile & militaire*, & que la conſtitution de la Corporation repoſe ſur le ſerment qu'elle a fait de livrer à la vindicte publique ceux qui y porteroient atteinte.

Conſidérant encore que les délibérations *libres* du Comité ne peuvent contredire les ſentimens de l'Aſſemblée des Électeurs, elle ARRÊTE que loin de pouvoir être anéantie par le Comité, elle ſe reconnoît au contraire conſtituée par les principes de ſageſſe dans leſquels les pouvoirs du Comité ſont circonſcrits ; en conſéquence, que ſes fonctions continueront d'être ſuſpendues, *ſeulement* lorſque l'impérieuſe néceſſité de défendre le bon ordre, ne les remettra pas en activité, mais qu'elle eſt prête de les reprendre au premier ſignal d'innovation nuiſible au bonheur public ; CONSIDÉRANT encore que le ſerment de la Corporation eſt un lien qui tient aux principes *d'honneur*, puiſqu'il tend à maintenir la tranquillité générale & à prévenir les malheurs publics qui peuvent naître de la fermentation des eſprits ; elle ARRÊTE qu'aucune puiſſance humaine n'en peut délier ſes Membres diſtributivement ou collectivement pris , puiſqu'il n'eſt pas au pouvoir de la Corporation elle-même de s'écarter des devoirs de bon Citoyen qu'elle *a jurés* de défen-dre , conformément aux principes de ſa conſtitution.

Arrêté en outre que tous les bons Citoyens qui qui partagent les ſentimens de la Corporation ſeront invités , par l'exemple de ſes Commiſſaires , à porter *le ruban blanc* , en témoignage dés diſpoſition de paix & d'union qui l'animent.

Arrêté en outre que le préſent Arrêté & le Diſcours qui le précède ſeront rendus publics par la voie de l'impreſſion.

Et ont ſigné les Préſidens & Commiſſaires de la Corporation.

Collationné.

MOREL DE GUIRAMAND , *Secrétaire.*

F I N.